Der Biotologe Yann
... reitet durch das Dschungel-Land

Biotologe Yann reist um die Welt

www.tlelebooks.com
© 2014 Tlelebooks, Ringenwalde
1. Auflage
Alle Rechte vorbehalten

Text und Idee: Agnes Gramming-Steinland
Fotos: Jim Gramming
Wissenschaftl. Begleitung, Glossar: Michael Steinland
Layout: Grafikgemeinschaft Blattwerk, Hannover
Lektorat: Ulla Mothes, Berlin
Obst & Ohlerich, Freie Lektoren, Berlin
Titel- u. Klappentexte: Dominic Saxl, Textsafari
Druck: gutenberg beuys feindruckerei, Hannover
Printed in Germany

ISBN: 978-3-944275-08-6

Gedruckt auf Cirle silk
(100 % Recycling-Anteil u. FSC®-zertifiziert)

RECYCLED
Papier aus
Recyclingmaterial
FSC® C009051

9. Abenteuer in Thailand

Der Biotologe Yann
... reitet durch das Dschungel-Land

von Agnes Gramming-Steinland
Fotos von Jim Gramming

Dank an Yann,
unseren großen und mutigen Biotologen,
der dieses Abenteuer in Thailand bestand.

TLELE
BOOKS

Wie komme ich da nur rüber? Begeistert bin ich den matschigen Fußstapfen der Elefanten gefolgt – vorbei an den Wasserfällen, den Fluss entlang und dann musste ich aufgeben.
Ich bin fünf Jahre alt und reise mit meinen Eltern um die Welt. Sie sind Wissenschaftler und beobachten das Klima. Während sie arbeiten, das heißt, mit vielen Menschen sprechen, auf ihre Bildschirme schauen, Fotos machen und alles Mögliche messen, gehe ich auf Erkundungstour. Gerade sind wir in Thailand und ich will die Elefanten in den Bergen sehen, am liebsten auf ihnen durch den Dschungel reiten. Schließlich bin ich Biotologe und erforsche die Tiere, Pflanzen und Länder.

Die Elefanten sind natürlich locker durch den reißenden Strom gegangen. Das kann ich an den umgeknickten und abgefressenen Ästen am gegenüberliegenden Ufer genau erkennen. So ein Mist! Aber zurückgehen will ich auf keinen Fall. Nun überlege ich, was ich tun soll.
Ich muss mir eine Furt suchen, eine seichte Stelle im Fluss, an der ich ihn durchwaten kann. Soll ich dafür stromaufwärts oder stromabwärts gehen? Lautes Knacken und Rascheln unterbricht meine Gedanken.

Verwundert schaue ich auf und bin gespannt, was da so viel Krach macht. Und dann – ich fasse es kaum – kommt einfach so ein kleiner Elefant aus dem Wald heraus. Er stapft auf den Felsen neben mir, nimmt einen Happen Bambus und schaut mich kauend an. Wow, was ist das denn? Schießt es mir durch den Kopf.

„Komm, mach den Mund wieder zu, und sag mir, wer bist denn du",
spricht der Elefant mich freundlich an.
„Ha… hallo. Ich bin Yann", antworte ich verblüfft.
„Ich bin Salia, das Elefantenmädchen", sagt sie und hebt wie zur Begrüßung ihren Rüssel. Sie schaut mich so nett an, dass ich mich zögernd traue, ihr näherzukommen.

Friedlich frisst sie weiter, als ob nichts sei. Sie ist ganz schön groß! Vorsichtig strecke ich meine Hand aus und berühre mit den Fingerspitzen ihre Haut, die sich anfühlt wie eine Mischung aus trockener Schlangenhaut und Leder. Außerdem hat sie schwarze Stachelhaare, vor allem auf dem Kopf. Nie hätte ich mir träumen lassen, so nah alleine neben einem Elefanten zu stehen!

Ich klopfe ihr auf ihre dicken Backen und sie blinzelt mir kauend durch ihre langen Wimpern zu. Es ist kaum zu glauben, da suche ich die ganze Zeit die Elefanten, und als ich die Suche aufgebe, kommt einer zu mir spaziert. Eine ganze Weile bleibe ich bei dem Elefantenmädchen stehen und genieße ihre Nähe.
Schließlich fasse ich mir ein Herz, recke mich zu ihr hoch und sage: „Ich suche die Elefanten. Bis hierher bin ich ihren Spuren gefolgt, aber jetzt kann ich nicht weiter, da ich nicht über den Fluss komme."

Salia kaut zu Ende und antwortet:
„Einen Elefanten hast du jetzt gefunden,
nur meine Herde ist verschwunden.
Verloren hab ich sie beim Fressen,
ich hatte sie glatt vergessen.
Zusammen ist man nicht allein
und einsam möchte ich nicht sein.
Lass uns doch zusammen gehen,
da können wir viel mehr sehen."

Froh rufe ich sofort: „Klar! Gerne gehe ich mit dir und helfe dir, deine Herde zu finden. Ich bin ein guter Spurenleser. Aber", gebe ich zu bedenken, „ich kann nicht durch den Fluss, die Strömung ist viel zu stark."

Salia nickt und kniet sich hin. Fragend schaue ich sie an, doch sie reckt ihren Rüssel und schüttelt den Dreck von ihrem Kopf.
„Kann ich mich wirklich auf deinen Rüssel stellen?", frage ich sie, weil ich fürchte, ihr weh zu tun.

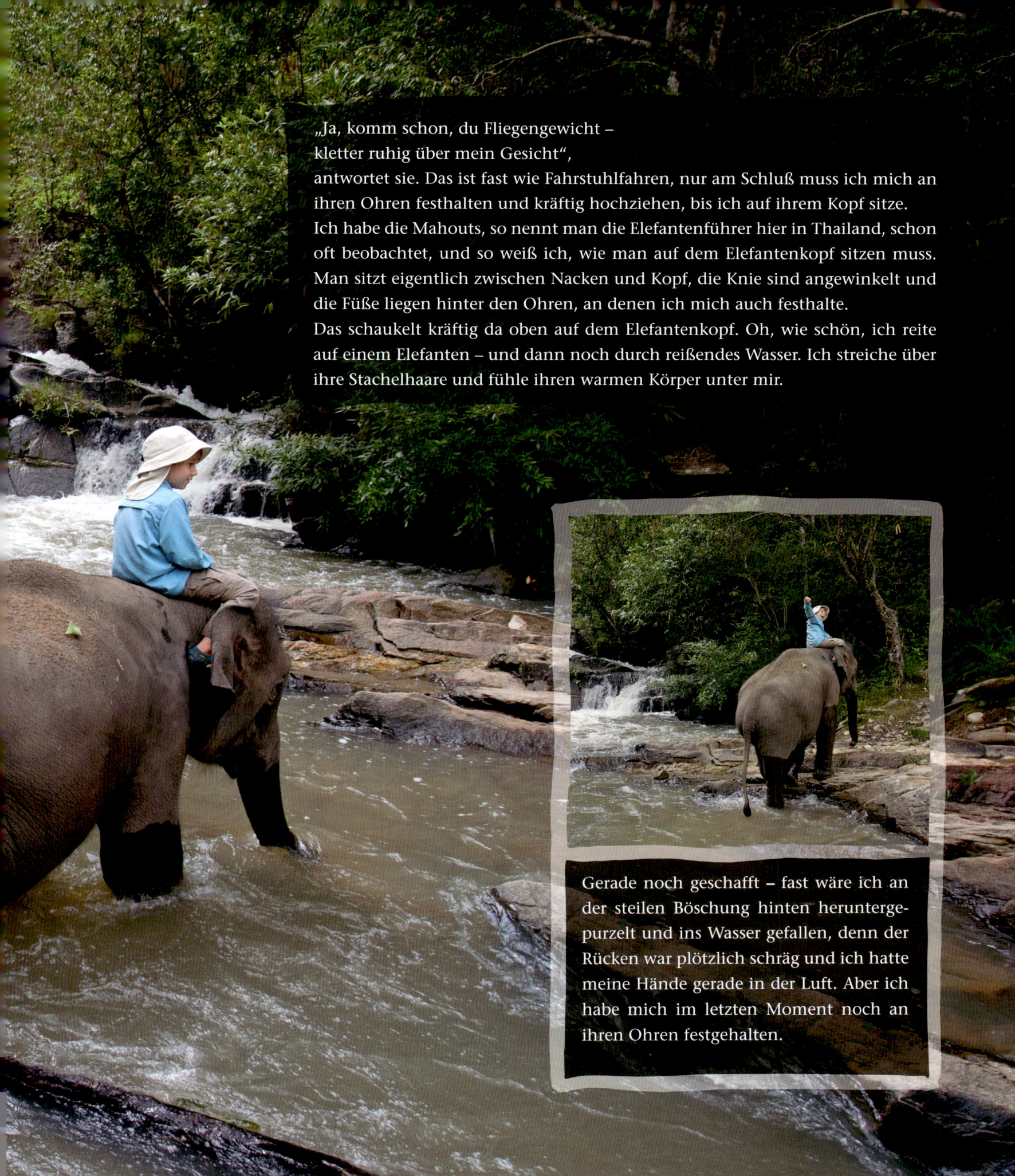

„Ja, komm schon, du Fliegengewicht –
kletter ruhig über mein Gesicht",
antwortet sie. Das ist fast wie Fahrstuhlfahren, nur am Schluß muss ich mich an ihren Ohren festhalten und kräftig hochziehen, bis ich auf ihrem Kopf sitze.
Ich habe die Mahouts, so nennt man die Elefantenführer hier in Thailand, schon oft beobachtet, und so weiß ich, wie man auf dem Elefantenkopf sitzen muss. Man sitzt eigentlich zwischen Nacken und Kopf, die Knie sind angewinkelt und die Füße liegen hinter den Ohren, an denen ich mich auch festhalte.
Das schaukelt kräftig da oben auf dem Elefantenkopf. Oh, wie schön, ich reite auf einem Elefanten – und dann noch durch reißendes Wasser. Ich streiche über ihre Stachelhaare und fühle ihren warmen Körper unter mir.

Gerade noch geschafft – fast wäre ich an der steilen Böschung hinten heruntergepurzelt und ins Wasser gefallen, denn der Rücken war plötzlich schräg und ich hatte meine Hände gerade in der Luft. Aber ich habe mich im letzten Moment noch an ihren Ohren festgehalten.

Bei unserem Ritt durch den bergigen Wald halte ich gut Ausschau nach Elefantenspuren. Salia bahnt sich fressend unseren Weg durch den dichten Dschungel, indem sie alle Hindernisse einfach niedertrampelt. Sie wandert von einem Happs Bambus zum nächsten Happen Astladung.
Es ist so gemütlich und warm auf Salia, zwischendurch lege ich mich auf sie und lasse die Beine baumeln.

„Pass doch auf, Salia! Immer stoße ich mir meinen Kopf an den Ästen, weil du vergisst, dass ich auf dir sitze", sage ich zu Salia, mir meine Stirn reibend. Da reicht sie mir einen Stock hinauf und sagt:
„Damit kannst du mich warnen, ich kann die Äste ja nicht ahnen."

Erst als wir zu einem abgeernteten Reisfeld gelangen, läuft sie zügig los, denn dort ist nichts zu fressen zu finden. Ungefähr hunderfünfzig Kilo möchte so ein kleiner Elefant täglich fressen. Ich möchte mir lieber nicht vorstellen, was geschehen wäre, wenn dort Reis gestanden hätte … naja, ich mag lieber Nudeln.

Um die Wasserbüffel, die uns laut und empört anblöken, jedoch am Feuer stehen bleiben, macht Salia einen Bogen. Die sehen nicht aus wie Wasserbüffel, sondern wie Dampfbüffel.

Als wir einen weiteren Fluss durchqueren, hat Salia in der Mitte des Stromes plötzlich eine Idee. „Komm, wir gehen weiter hier im Wasser, das ist schön frisch und außerdem nasser."

„Gut", antworte ich, denn Salia hat recht. Im Fluss zu laufen ist wirklich angenehm kühl, und hungern muss sie auch nicht. Es hängen genügend Äste ins Wasser, an denen sie knabbern kann. Außerdem pflücke ich ihr immer wieder leckere Blätter von den Bäumen.
Doch dann wird das Wasser immer tiefer und ich rufe ängstlich:
„Salia, wir versinken, meine Füße werden schon nass."
Das Elefantenmädchen schnaubt freundlich.
„Pass' auf, wie tief ich sinken kann.
Heb' die Füße nur schnell an."
Glücklicherweise wird das Wasser nicht so tief,
ich bin schließlich Biotologe und kein Tiefseetaucher.

„Komm' wir machen jetzt Pause, ich brauche eine Jause", ruft Salia, als wir in ein Waldstück mit kleinen, zarten Bäumen kommen.

Ich klettere von ihrem Rücken auf einen umgefallenen Stamm und balanciere bis an sein Ende. Während Salia ihren kleinen Zwischenhunger stillt, laufe ich durch einen Bach, der einem Wasserbecken entspringt, in das tosend ein großer Wasserfall donnert. Bei der Hitze muss ich da einfach duschen. Ich springe von einem Stein zum anderen und fast wäre ich auf den glitschigen Steinen ausgerutscht. Überhaupt ist hier alles rutschig, auch der Baumstamm, über den ich vorsichtig krabbele. Schließlich stehe ich vor dem Wasserfall, der mich richtig nass spritzt, ohne dass ich mich darunter wagen muss. Aber es wird mir zu laut so direkt neben dem stürzenden Wasser. Also gehe ich noch forschen.

Zwischen zwei Steinen entdecke ich an einem Busch eine große blaugelbe Spinne in ihrem Netz. Ich beobachte sie, bis sie wegspringt. Endlich hat Salia ihre Mahlzeit beendet. „Ahhh, mir geht's nun wieder besser, Yann. Ich glaub', dass ich jetzt weitersuchen kann."

So setzen wir unsere Suche fort. „Ich gehe vorne und du gehst hinter mir und tritt mir nicht in die Fersen", sage ich zu Salia, weil ich jetzt zur Abwechslung auch laufe.
„Mein Fuß erspürt hier jeden Stein und ist er noch so winzig klein", antwortet da Salia etwas entrüstet.
„Ja ja, Entschuldigung, bitte, aber manchmal vergesse ich eben noch, wie feinfühlig du bist", gebe ich beschämt zurück.

Es herrscht eine feuchte Hitze und ich schwitze. Die Abkühlung vom Wasserfall hat nicht lange gehalten. Immer wenn die Sonne hinter den weißen Wolken verschwindet, denke ich, dass es kühler werden würde. Aber es bleibt heiß.

Als wir zum dritten Mal an einen Fluss kommen lacht Salia. „Abkühlung!" ruft sie und taucht ihren Rüssel ins Wasser. Ich warte noch gespannt, was jetzt kommt, als auch schon lauwarmes Wasser auf mich prasselt. So duscht sie erst mich, dann sich. Erfrischt wandern wir weiter durch den Fluss, denn nass sind wir sowieso schon.

Wieder an Land, kommen wir an einem Ma Plang Baum vorbei. Salia fängt sogleich an, die kleinen Früchte zu fressen. Ich lasse mich derweil von ihrem Rücken heruntergleiten, um auch Ma Plangs für sie zu sammeln. Salia scheint diese kleinen gelben Früchte sehr zu lieben. Sie frißt alle, die wir finden. Schließlich reiten wir weiter und ich füttere sie unterwegs mit den restlichen Früchten. Als sie alle aufgefressen hat, sage ich zu ihr: „Alles alle, Salia."

Als sie immer wieder mit ihrem Rüssel zu mir hochgreift, um zu prüfen, ob ich wirklich nichts mehr zu fressen für sie habe, werfe ich meinen Hut hinunter. „Salia", sage ich, „könntest du bitte meinen Hut aufheben, er ist hinuntergefallen." Daraufhin greift sie mit dem Rüssel den Hut und reicht ihn mir nach oben. „Danke Salia", sage ich, tätschel ihren Kopf und werfe ihn aus Spaß noch einmal herunter. Erneut hebt sie ihn auf, lacht und sagt: „Nicht noch einmal, Yann!" Aber ich kann es nicht lassen und werfe ihn noch ein paar Male hinunter. Sie hebt ihn jedesmal auf.

Das findet sie wohl nicht lustig, denn als wir an einem dicken Schlammloch vorbeikommen, bespritzt sie sich mit rotem Schlamm. Ich rufe laut: „Hau!" Das ist ein Elefantenbefehl der Mahouts und bedeutet „Halt". Salia schüttelt nur den Kopf und spritzt weiter. „Salia, ich bin doch kein Elefant, ich mag keinen Schlamm auf mir. Hör bitte auf! Ich werfe auch nie wieder meinen Hut herunter", flehe ich sie an.
Sofort läuft sie kichernd so schnell los, dass ich mich gut festhalten muss.

Sie rennt geradewegs zu einem Wasserbecken und hinein ins Wasser – und ich sitze obenauf!
Ich weiß gar nicht, wie mir geschieht, da gluckert sie komplett unter und ich muss schwimmen. So schwimmen wir miteinander. Als sie neben mir auftaucht, halte ich mich an ihren Ohren fest und ziehe mich mit aller Kraft wieder hoch auf ihren Rücken. Da ruft sie mir zu:
„Yann, jetzt musst du springen!" Und ich springe. Salia schwimmt sogleich unter mich, taucht auf und ich sitze wieder auf ihr.
„Rutschen!", ruft sie mir zu und ich rutsche über ihren Bauch ins Wasser. Huju, das ist der tollste Spass, den ich je erlebt habe!

Salia blubbert durchs Wasser und wir spritzen uns gegenseitig nass. So plantschen wir, bis ich müde auf ihrem Rücken liege. Wohlig erschöpft schaue ich durch ihre langen Stachelhaare, in denen das Wasser glitzert, während die Sonne durch die Wolken blinzelt und uns trocknet.

Ich bin ganz müde vom Baden und Salia ist … hmm. Was könnte sie sein? Genau! – Hungrig! Eine Fresspause muss jetzt unbedingt sein.
Am Fluss liegend schaue ich träge, ob es darin Fische gibt. Stattdessen finde ich einen verletzten Schmetterling, beobachte übers Wasser flitzende Libellen und schleiche mich an eine Spinne heran, die gerade ihre Beute verzehrt.

Als die Spinne aufgegessen hat, kehre ich zu Salia zurück, setzte mich zu ihr in den Wald, schaue ihr beim Fressen zu und frage schließlich: „Bist du satt? Hast du genug Bäume gefressen?"
Salia wiegt ihren Kopf und kommt mit mir zum Fluss. Dort trinkt sie noch ein paar Schluck Wasser, kniet sich hin, sodass ich aufsteigen kann und wir wieder in das tiefe Dickicht des Dschungels eintauchen.

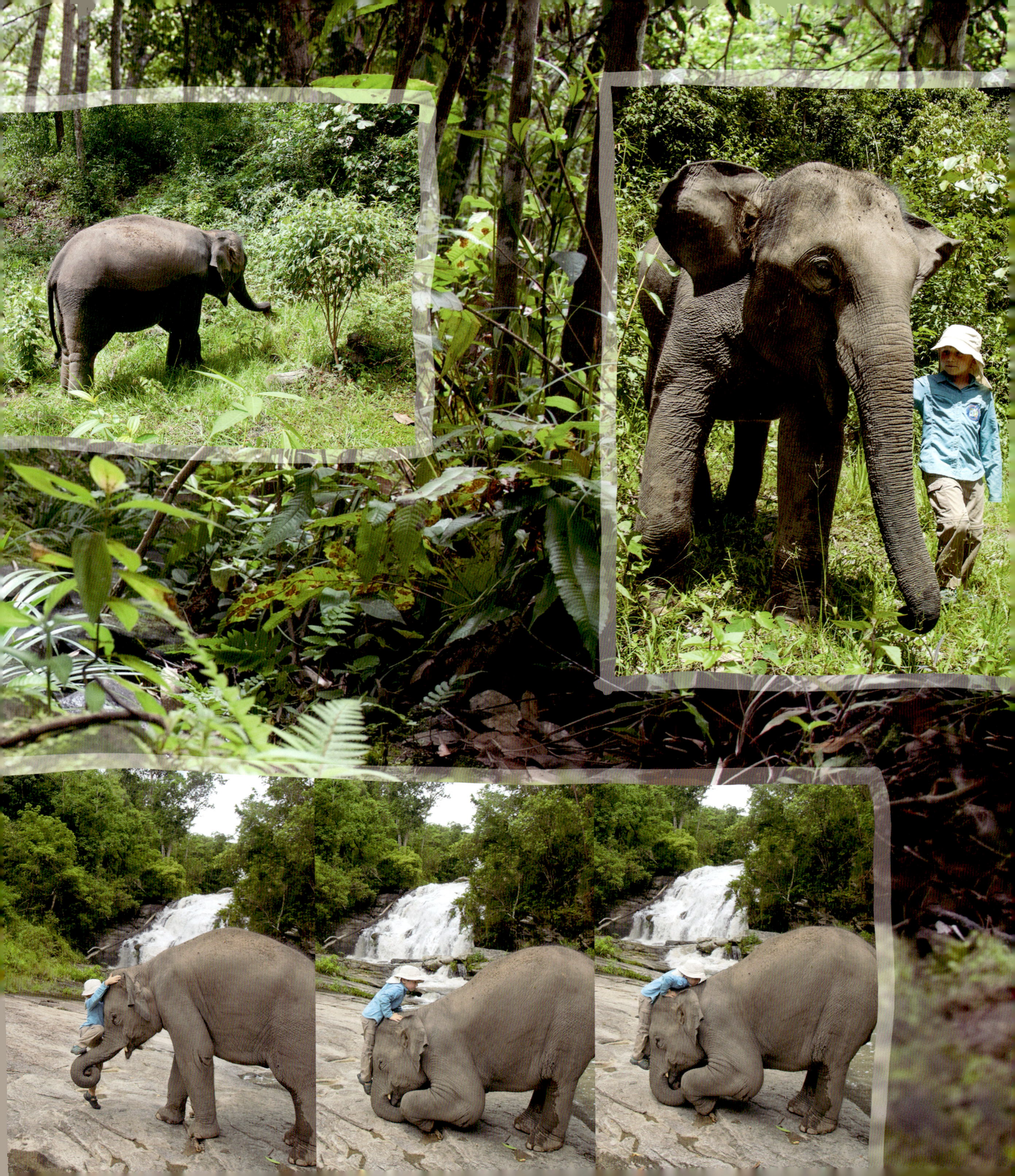

„Schau mal, lecker Bananen!", rufe ich begeistert, als ich die gelben Stauden zwischen den Blättern entdecke. Salia versteht sofort und holt sie vom Baum herunter. Wir teilen fast ganz gerecht, ich bekomme eine Banane und Salia die restliche Staude. Das geht solange, bis keine Früchte mehr am Baum hängen und wir satt weiterziehen.

„Hau Salia, schau mal", rufe ich froh.
„Wir sind auf dem richtigen Weg, da sind Elefantentappen."
Schnell rutsche ich von ihr herunter, um den Fußabdruck genau zu untersuchen.
„Salia, der Tappen ist ganz frisch. Deine Herde muss ganz in der Nähe sein", rufe ich ihr zu.
„Jajajajajaja!!", summt sie in ihren Rüssel und wirft ihn hoch und runter. Schnell klettere ich wieder auf ihren Kopf und wir folgen den Tappen.
Kurz darauf trompetet sie so laut, wie ich sie noch nie gehört habe. Vor Schreck wäre ich fast von ihr heruntergepurzelt.

Und dann sehe ich, was sie sieht: Die Elefantenherde.

Ich steige ab und ein Elefantenbaby kommt neugierig näher. Da es mich nicht kennt, versucht es, mich wegzuschubsen. Aber ich lasse mich nicht wegdrücken, sondern streichle es über seinen kleinen Kopf und sage: „Geh zu deiner Mama und sage der Herde, dass Salia zurück ist."
Da rufen die Elefanten Salia ein fröhliches Willkommen zu, das sie genauso fröhlich beantwortet.

Ganz fest drücke ich mich an sie und flüstere ihr ins Ohr: „Vergiss mich nicht, hier im Dschungel. Wenn ich groß bin, komme ich zurück und besuche dich."
„Wie könnte ich dich je vergessen, Yann! Als Elefant, der sich alles merken kann", flüstert sie zurück und stupst mich mit ihrer Rüsselnase.

Langsam steht sie auf und geht zu ihrer Herde, die sie freudig in ihre Mitte nimmt. Zur Begrüßung schubsen alle mit ihren Köpfen wackelnd gegen Salias Bauch und Kopf und spritzen sie nass.

Ach, sie ist mir auf unserem Ritt durch den Dschungel eine liebe Freundin geworden. Ich setze mich noch auf einen Stein, lasse kleine Kiesel ins Wasser kullern und beobachte die Elefantenherde.

Das satte Grün des Dschungels brennt in meinen Augen, als die Elefanten zwischen den Blättern verschwinden. Da dreht sich Salia um, trompetet laut und wackelt vertraut mit dem Kopf. Ich hebe meine Hand und winke den Elefanten nach. Als nichts mehr von ihnen zu sehen ist, krame ich meinen Kompass aus der Hosentasche. Ob ich meinen Heimweg finden werde?

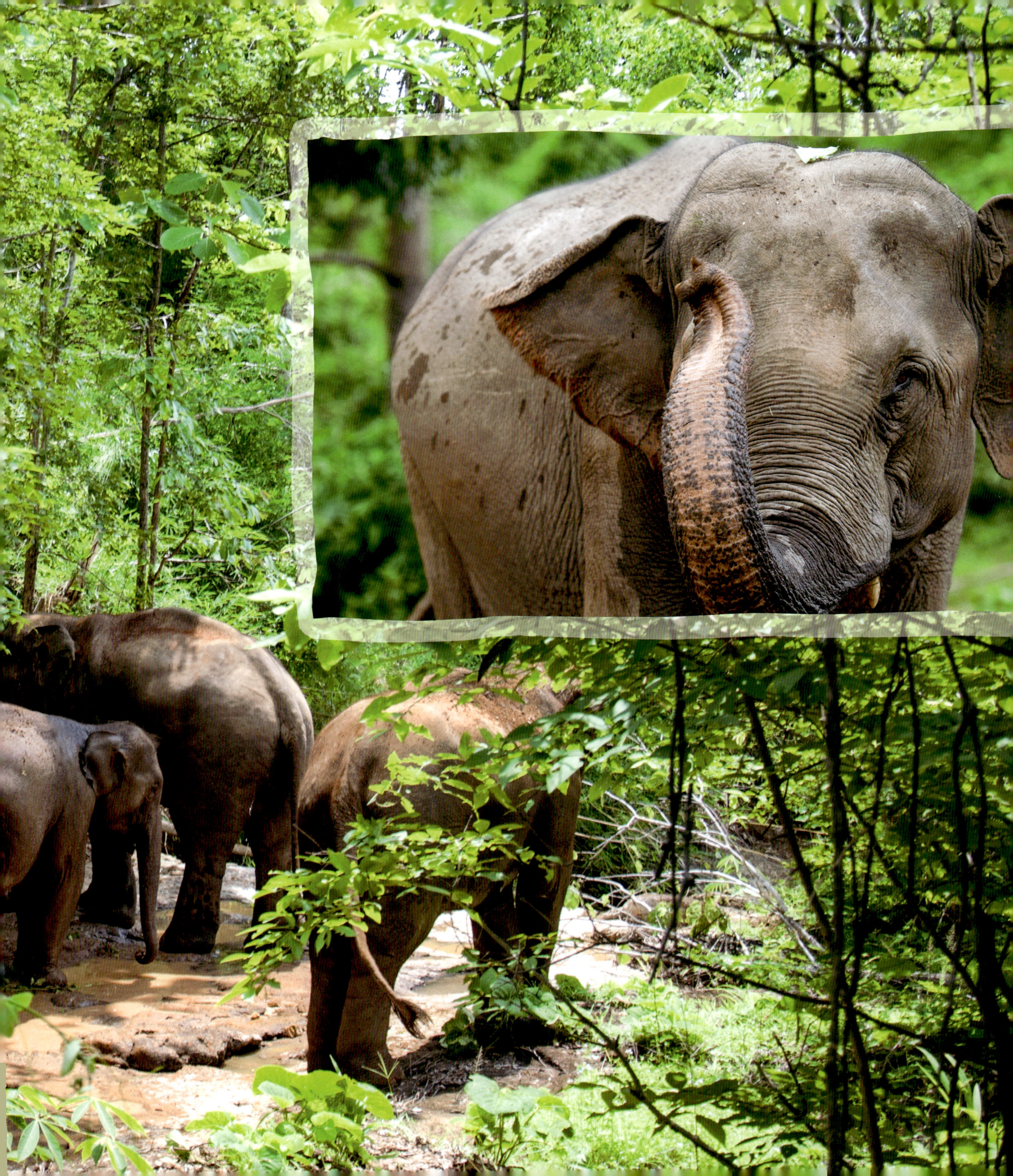

Die Elefanten unserer Welt

Yann ist ein Jahr lang an verschiedene Orte der Welt gereist. Daraus entstanden zwölf Geschichten. Die von ihm besuchten Landschaften sowie die dort lebenden Tiere und Menschen sind durch die Folgen des Klimawandels und die bedenkenlose Ausbeutung natürlicher Ressourcen in ihrer Existenz bedroht.
Viele der Orte gehören zu den von der UNESCO als Weltnaturerbe ausgezeichneten Stätten.

Das neunte Abenteuer spielt in den Bergen Thailands, wo noch Elefanten in freier Wildbahn leben.

Der Elefant

Elefanten sind die einzigen noch lebenden Angehörigen der Familie der Rüsseltiere. Sie unterteilen sich in drei Arten, den Afrikanischen Elefanten, den Waldelefanten und den Asiatischen Elefanten. Der Asiatische Elefant ist näher mit dem Mammut verwandt als mit dem Afrikanischen oder dem Waldelefanten.

Elefanten sind die größten Landsäugetiere der Erde. Sie werden bis zu vier Meter groß und wiegen zwischen zwei und fünf Tonnen. Ihre Haut ist zwei Zentimeter dick, aber dennoch sehr empfindlich. Der Elefant geht auf Zehenspitzen im Passgang durchs Leben. Er ertastet sich seinen Weg sehr vorsichtig mit seinem Rüssel und entspricht deshalb mit Sicherheit nicht dem Klischee des „Elefanten im Porzellanladen". Dabei lässt er sich Zeit und legt etwa fünf Kilometer pro Stunde zurück. Nur bei Gefahr erhöht er sein Tempo auf bis zu 40 Stundenkilometer.

Ein Elefantenkalb wird nach 22 Monaten Tragezeit mit einem Geburtsgewicht von einhundert Kilogramm geboren. Es fällt bei der Geburt 70 Zentimeter tief, da die Geburtsöffnung zwischen den Hinterbeinen seiner Mutter liegt. Schon kurz nach der Geburt kann es stehen. Es hat braunes, lichtes, stacheliges Haar, das sich mit der Zeit verliert und nur am Kopf erhalten bleibt. Die ersten sechs Lebensmonate trinkt es ausschließlich bei der Mutter – mit dem Maul und nicht mit dem Rüssel. Ganz entwöhnt ist es erst im Alter von zwei Jahren, aus der Pubertät erwächst es mit sieben bis acht Jahren. In diesem Alter trennen sich auch die Bullen von der Herde, um in eigenen Jungbullengruppen umherzuziehen. Wenn sie erwachsen sind, werden sie zu Einzelgängern. Die Herde besteht aus weiblichen, miteinander verwandten Tieren, die von einer alten, erfahrenen Leitkuh angeführt werden. Erst im Alter von 17 bis 20 Jahren paaren sich Elefanten das erste Mal. Dann lebt der Bulle wieder für einige Monate mit der Herde.

Elefanten streifen nomadisch umher und fressen dabei täglich, 17 bis 20 Stunden lang, bis zu 200 Kilogramm an Gräsern, Blättern, Zweigen und Früchten. Ihr Wasserbedarf liegt bei 100 Litern pro Tag. Da ihr Verdauungssystem sehr ineffektiv ist, nutzen sie nur etwa 40 Prozent der aufgenommenen Energie.
Obgleich ihr Hörsinn schlecht ausgeprägt ist, haben sie sehr große, gut durchblutete Ohren. Indem sie mit ihnen wedeln, regulieren sie ihre Körpertemperatur. Ansonsten baden sie gerne, um sich abzukühlen, wobei sie oft ganz untertauchen, sodass nur noch der Rüssel aus dem Wasser schaut. Die Stoßzähne sind im Grunde lange vordere Schneidezähne und dienen dem Graben nach Wasser, dem Entrinden von Bäumen sowie dem Imponiergehabe. Der Rüssel ist ursprünglich aus Oberlippe und Nase zusammengewachsen und besteht aus etwa 40.000 Muskeln. Er ist ein äußerst vielfältig nutzbares Organ und dient dem Atmen, Greifen und Trinken, Tasten und Riechen sowie als Verteidigungswaffe und Schnorchel beim Baden. Ein Rüssel kann fünf bis sieben Liter Wasser aufnehmen, so kann ein Elefantenbulle in fünf Minuten 200 Liter Wasser trinken. Am Ende des Rüssels hat er „Finger" genannte Fortsätze, die er zum Greifen nutzt.
Elefanten erreichen ein Höchstalter von 60 bis 70 Jahren. Ihre tatsächliche Lebenserwartung ist durch ihre Backenzähne begrenzt: Zum Kauen nutzen sie nur die vorderen Backenzähne; sind diese abgenutzt, fallen sie aus und neue Zähne wachsen von hinten nach. Insgesamt sechs Mal kann ein Elefant neue Zähne bekommen, danach muss er verhungern.

Elefanten sind sehr soziale Tiere. Der Nachwuchs wird von der Herde gemeinsam großgezogen, sie helfen sich untereinander, kümmern sich um kranke und schwache Tiere und haben ein sehr gutes Gedächtnis. So meiden sie zum Beispiel Dörfer, in denen ein Herdenmitglied ums Leben gekommen ist. Sie gelten wie Affen und Delfine als sehr intelligent und sollen über ein Ichbewusstsein verfügen, da sie sich im Spiegel-Selbsterkennungstest selbst wiedererkennen können. So können sie auch zählen, leichte Additionsaufgaben lösen und sind sehr gelehrig. Bis zu zwanzig Befehle können die asiatischen Arbeitselefanten voneinander unterscheiden. Elefanten verständigen sich nicht nur mit Trompetenlauten, sondern auch mit Grollen, Grunzen, Brüllen und Kreischen. Zu zwei Dritteln kommunizieren sie über Infraschalllaute, die wir nicht wahrnehmen können. Diese übertragen sie über die Luft oder das Erdreich.

Der Afrikanische Elefant
Seit 1.400 Jahren gibt es keine Elefanten mehr nördlich der Sahara. Sie kommen hauptsächlich in Ost- und Südafrika vor, aber auch dort leben sie nicht mehr in freier Wildbahn, sondern fast nur noch in ausgewiesenen Nationalparks. Schätzungen gehen von 470.000 bis 690.000 Tieren aus.
Sie leben im Trockenwald, in der Savanne sowie der Halbwüste, solange es ausreichend Nahrung, Wasser und Schatten gibt.
Der Afrikanische Elefant ist der größte der Elefanten. Seine Körpersilhouette zeigt den höchsten Punkt in den Schultern. Seine Ohren sind groß und männliche wie weibliche Tiere haben nach oben gebogene Stoßzähne. Am Rüsselende hat er zwei „Finger".

Der Waldelefant
Erst neuere genetische Untersuchungen erbrachten den Nachweis, dass der Waldelefant eine eigene Art und keine Unterart des Afrikanischen Elefanten ist.
Der Waldelefant lebt vorrangig im Regenwald des Kongobeckens in Zentralafrika. Er ist mit 2,80 Meter wesentlich kleiner als der Savannenelefant, auch sind seine Ohren etwas kleiner und runder. Das auffälligste Merkmal sind seine dünnen, nach unten gebogenen Stoßzähne.

Der Asiatische Elefant
Einst waren die Asiatischen Elefanten von China bis in den Irak verbreitet. Ihren Lebensraum bilden Graslandschaften, Wälder und Buschland. Heute leben noch 40.000 bis 50.000 Tiere in vereinzelten Populationen in freier Wildbahn in dreizehn Ländern. Für Thailand schwanken die Angaben zwischen 500 und 2.000 freilebenden Elefanten, um 1900 waren es noch 200.000, 1950 immerhin noch 50.000 Tiere.

Es gibt drei anerkannte Unterarten, den Indischen, den Sri-Lanka- und den Sumatra-Elefanten.
Die Asiatischen Elefanten sind kleiner als die Afrikanischen Elefanten und haben auch kleinere Ohren, die wie umgedrehte Dreiecke aussehen. Die höchste Erhebung ihrer Statur ist der Kopf. Ihr Rüssel hat einen „Finger" zur Erfüllung ihrer feinmotorischen Aufgaben. Nur die Bullen tragen Stoßzähne, die ebenfalls kleiner als die der Afrikanischen Elefanten sind.

Gefährdung und Schutz

Alle Elefanten stehen auf der Roten Liste der gefährdeten Arten. Die Hauptursachen dafür sind in Afrika wie auch in Asien die illegale Wilderei, um die besonders in China enorme Nachfrage nach Elfenbein zu befriedigen, sowie die Zerstörung ihres Lebensraumes. Vor allem in Asien leidet der Elefant unter dem nach wie vor großen Bevölkerungszuwachs und der damit verbundenen Umwandlung von natürlichen in landwirtschaftlich genutzte Flächen. Diese Konkurrenz führt allerorten zu vorher unbekannten Konflikten zwischen Mensch und Tier, in denen der Elefant immer unterliegt.

Seit 1989 gilt für die Elefanten das Washingtoner Artenschutzabkommen CITES, Anhang 1. Das bedeutet, dass jeglicher Handel mit Elefanten und ihren Produkten untersagt ist. 1999 und 2008 wurden Südafrika, Simbabwe, Botswana und Namibia Ausnahmegenehmigungen für den Handel mit Elfenbein erteilt. Die Lockerung hat zu einer Zunahme der Wilderei und des Elfenbeinschmuggels in ungeahnte Höhen von bis zu 38.000 Tiertötungen pro Jahr geführt. Ein beschränkter Handel führt zu einer verstärkten Nachfrage nach Elfenbein und kann deshalb nicht die Lösung zum Schutz der Elefanten sein.
Auf der CITES-Konferenz 2013 in Bangkok wurde leider das beantragte totale Handelsverbot für Elfenbein nicht wieder eingeführt.

Ausblick

Eine Koalition aus führenden Wissenschaftlern, Umweltverbänden und Regierungsvertretern sieht den einzig effektiven Schutz für Elefanten nach wie vor in einem weltweiten Handelsverbot für Elfenbein. Zudem müsste ein Umdenken in den asiatischen Abnehmerländern stattfinden. Elfenbeinschmuck, Elfenbein in medizinischen und angeblich potenzsteigernden Produkten sowie die Nutzung von Elfenbeinpulver als Partydroge müssten eine breite gesellschaftliche Ächtung erfahren. Zudem bedürfte es einer weltweiten Allianz zum Schutz der Elefanten, welche die Staaten, in denen noch welche leben, aktiv finanziell unterstützt, um einen effektiven Schutz vor Wilderei zu garantieren und den Elefanten ausreichend Lebensraum zur Verfügung zu stellen.

Mensch und Elefant in Asien

Seit etwa 4000 v. Chr. wurden Elefanten in Asien gezähmt und als Arbeitstiere eingesetzt. Sie wurden vor allem für die Holzarbeit im Bergwald sowie als Reit- und Lasttiere genutzt, aber auch als Kriegselefanten. In Indien erfahren sie zudem religiöse Verehrung, in Thailand existiert ein Kult um die weißen Elefanten.
Die Elefanten wurden früher in freier Wildbahn gefangen und gezähmt, später gelang auch die Fortpflanzung in der Gefangenschaft.

Die Mahouts in Thailand

In Thailand lebten um das Jahr 1900 noch etwa 100.000 Arbeitselefanten. Heute sind es noch geschätzte 4.000 Arbeitstiere. In Nordthailand sind die Karen das einzige Volk, das mit Elefanten arbeitet. Unter den Thais hat sich die Tradition der Elefantenhaltung schon vor Jahrhunderten verloren. Sie kennen das Handwerk der Domestizierung und des Betreuens der Tiere nicht mehr.

Die Elefantenführer nennt man Mahout. Sie leben eng mit ihrem Elefanten zusammen, er ist sozusagen ein Familienmitglied. Das alte Wissen über den Umgang mit den Dickhäutern wird von Generation zu Generation weitergegeben. Die Mahouts reiten auf den Köpfen der Elefanten, lenken sie mit leichten Fußtritten, verbalen Befehlen und dem Elefantenstab. Die Elefanten kommen im Alter von drei bis fünf Jahren in so genannte Elefantenschulen, in denen die Tiere zielgerichtet für ihr Einsatzgebiet ausgebildet werden. Die Ausbildung dauert sieben Jahre.

Anfang des letzten Jahrhunderts war Thailand noch zu 70 Prozent mit Wald bedeckt, heute sind es nur noch 20 Prozent. Um diese letzten Reste Wald zu schützen, erließ die Regierung 1989 ein Waldrodungsverbot. Dieses notwendige Gesetz führte dazu, dass die Mahouts mit ihren Arbeitstieren arbeitslos wurden. Nun trotten sie mit den Elefanten durch die Städte, zeigen den Touristen Kunststücke und betteln. Das ist weder für die Mahouts noch für die Elefanten eine Lösung. Immer wieder werden sie von den Behörden vertrieben – nach nirgendwo. Die Existenz in den Städten ist für einen Elefanten kein Leben, sondern Misshandlung.

Um zu verhindern, dass die jahrtausendealte Kultur des Miteinanders von Elefant und Mensch und, damit verbunden, das tiefe Wissen und Verständnis um die Elefanten untergeht, gibt es in Thailand das staatliche National Elephant Institute in Lampang. Zum Center, das 1993 von der Forest Industry Organization (F.I.O.) gegründet wurde, gehören ein Elefantenhospital, eine mobile Elefantenklinik, eine Mahout-Schule, ein wissenschaftliches Forschungsinstitut, die Ställe der königlichen weißen Elefanten, eine Elefantenzucht sowie das Rehabilitation Center in Baan Pang Lah. Daneben gibt es etwa zwanzig weitere Elefantencamps, in denen die Betreuung der domestizierten Elefanten mit Tourismus kombiniert wird.

Ausblick

Touristen tragen somit indirekt zum Schutz der Elefanten und dem Erhalt der Tradition der Mahouts bei. In den Camps können sie den Tieren nahekommen; je nach Ausrichtung malen die Elefanten dort Bilder, musizieren in Bands oder stehen für Ausritte zur Verfügung. Ihr Dung wird zur Herstellung von Papier oder Biogas verwendet.

Einige der Camps versuchen, mit verantwortungsvollen Konzepten so naturnah wie möglich die traditionellen Werte und Vorstellungen der Menschen, die Elefanten besitzen, mit touristischen Touren zu vereinen. So werden die überlieferten Fertigkeiten bewahrt, während gleichzeitig den Tieren ein angenehmes Leben und ihren Besitzern ein gutes Einkommen gewährleistet wird.

Natürlich lässt sich dieses Dasein dennoch nicht mit dem hergebrachten Leben der Elefanten vergleichen. Es handelt sich bei ihnen um Wildtiere, die vom Menschen in ein Korsett der „Zivilisation" gezwängt werden, das ihren Bedürfnissen in weiten Teilen widerspricht. Trotzdem stellen derartige Camps eine klare Verbesserung ihrer Situation dar, da sie ihren Schutz und ihre Versorgung garantieren. Deshalb bleibt zu hoffen, dass möglichst viele Reisende sie unterstützen und besuchen, denen das Wohlergehen der Elefanten am Herzen liegt.

Anmerkung
Die Informationen in diesem Glossar wurden mit größter Sorgfalt recherchiert. Sollten sich dennoch Fehler eingeschlichen haben oder inzwischen neue Erkenntnisse hinzugekommen sein, so wären wir dankbar, informiert zu werden.

Yann erlebte auf seinen Reisen rund um den Globus an vom Klimawandel bedrohten Plätzen für ihn inszenierte Geschichten – und erweiterte sie mit seiner Vorstellungskraft und Kreativität spielerisch zu aufregenden Abenteuern zwischen Fantasie und Wirklichkeit.

Sein Bruder, der Fotograf Jim Gramming, hielt das Geschehen vor Ort mit viel Einfühlungsvermögen in einzigartigen Fotoserien fest. Mit zahllosen spontanen Motivideen erschufen die Reisenden so eine ganz besondere Bildwelt, die mit den erdachten Geschichten eine unverwechselbare Einheit bildet.

Wir danken:

In Thailand
Elefant Salia für seine Behutsamkeit mit Yann.
Mahout Dak für Yanns Betreuung.
Elephant Special Tours für die gute Zusammenarbeit.

In Deutschland
Yurid, Milan, Lukas und Yann für die schönen Tierzeichnungen.

... und allen anderen, die zum Gelingen des Projektes beigetragen haben.

Der Biotologe Yann erlebt auf seinen Reisen um die Welt 12 Abenteuer. Kennst du sie alle?

In einer Reihe von zwölf spannenden Geschichten entdecken kleine Leser zusammen mit dem Biotologen Yann die aufregende Vielfalt der Welt – die durch beeindruckende Fotos und Informationen zu Flora und Fauna zum Leben erweckt wird.

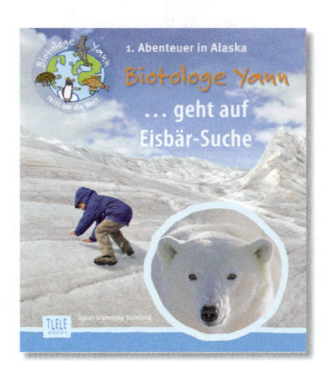

Biotologe Yann reist um die Welt

ISBN: 978-3-944275-00-0
1. Abenteuer: Auf einer Expedition zu den Eisbären bei den Gletschern Alaskas – 2012

ISBN: 978-3-944275-01-7
2. Abenteuer: Durch den nördlichen Regenwald, auf dem Weg zum weisen Wolf – 2014

ISBN: 978-3-944275-02-4
3. Abenteuer: Im Kanu paddelnd im Pazifik, um einem Robbenkind zu helfen – 2012

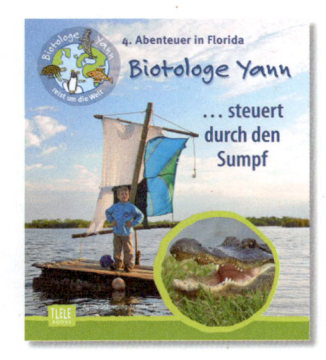

ISBN: 978-3-944275-03-1
4. Abenteuer: Auf einem Floß durch die gefährlichen Sümpfe der Everglades in Florida – 2012

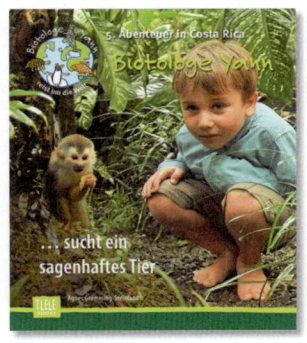

ISBN: 978-3-944275-04-8
5. Abenteuer: Im tropischen Regenwald Costa Ricas, auf der Suche nach dem geheimnisvollen Quetzal – 2014

ISBN: 978-3-944275-05-5
6. Abenteuer: Auf den Spuren der Piraten auf den Galápagos-Inseln – 2012

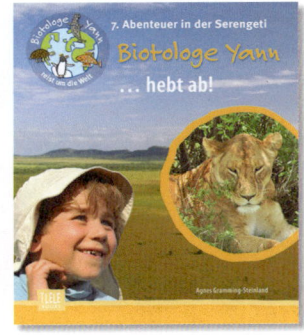

ISBN: 978-3-944275-06-2
7. Abenteuer: In einem Heißluftballon über die Weiten der Serengeti – 2012

ISBN: 978-3-944275-07-9
8. Abenteuer: Mit dem Volk der Hadzabe auf der Jagd mit Pfeil und Bogen – 2013

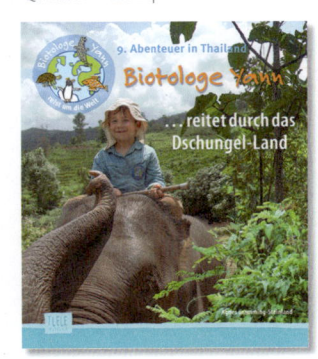

ISBN: 978-3-944275-08-6
9. Abenteuer: Im Dschungel Thailands auf einem Elefanten reitend – 2014

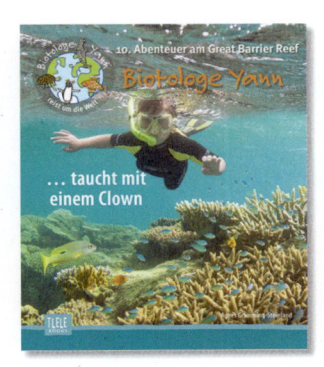

ISBN: 978-3-944275-09-3
10. Abenteuer: Unter Wasser am Great Barrier Reef, mit einem lustigen Fisch – 2013

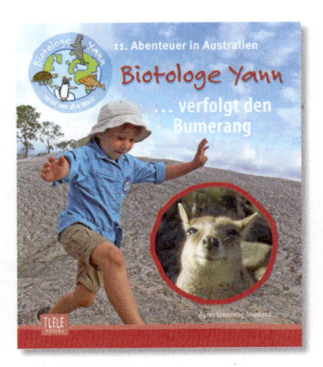

ISBN: 978-3-944275-10-9
11. Abenteuer: Mit der Hilfe von Kängurus in Australien hinter einem Bumerang her – 2012

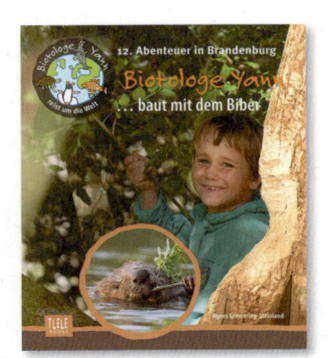

ISBN: 978-3-944275-11-6
12. Abenteuer: Mit einem Biber ein Moor in Brandenburg rettend – 2013